Anni Kolvenbach

# VÖGEL

## Was zwitschert denn da?

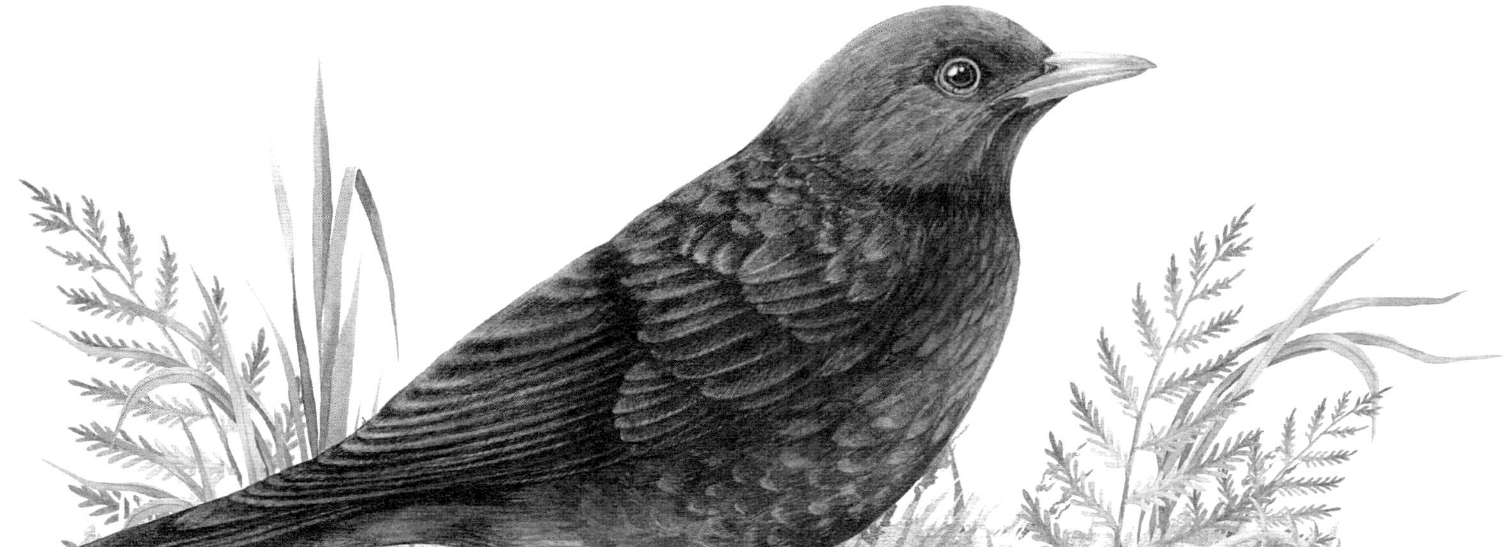

1 2 3

# Biologie

www.kohlverlag.de

# Vögel – Was zwitschert denn da?

**... aus der Reihe: Inklusion KONKRET**

1. Auflage 2023



Inhalt: Anni Kolvenbach
Coverbild: © anitapol – AdobeStock.com
Redaktion: Kohl-Verlag
Grafik & Satz: Kohl-Verlag
Druck: Druckerei Flock, Köln

**Bestell-Nr. 12 875**

**ISBN: 978-3-98841-034-4**

**Bildquellen – © AdobeStock.com:**

**S. 3:** papogallery, anitapol; **S. 4:** Maya Kruchancova; **S. 5-7:** Dvid; **S. 8-10:** papogallery; **S. 11-13:** Oliver, Olanod, FrankBoston, Florian Dessart; **S. 12:** hfox, Wolfgang Krucks, Jesus, Sander Meertins, Gelpi, stockphoto mania; **S. 14:** Vectorvstocker, sudowoodo, prostoira777, insima, Sonulkaster, grgroup, setory, yusak_p; **S. 15/16:** Liliya, Sonulkaster, insima, ggroup, setory; **S. 17-19:** kranidi, Ivan; **S. 20-22:** designua; **S. 23-25:** Naeblys, anitapol; **S. 26:** Mannaggia; **S. 27-28:** Mithita, Jose, Free1970; **S. 29-31:** Mithita, Free1970, Soru Epotok; **S. 32:** beermedia, gritsalak, Freedom Life, MdShahanur

**Der vorliegende Band ist eine Print-Einzellizenz**

Sie wollen unsere Kopiervorlagen auch digital nutzen? Kein Problem – fast das gesamte KOHL-Sortiment ist auch sofort als PDF-Download erhältlich! Wir haben verschiedene Lizenzmodelle zur Auswahl:

| | Print-Version | PDF-Einzellizenz | PDF-Schullizenz | Kombipaket Print & PDF-Einzellizenz | Kombipaket Print & PDF-Schullizenz |
|---|---|---|---|---|---|
| Unbefristete Nutzung der Materialien | x | x | x | x | x |
| Vervielfältigung, Weitergabe und Einsatz der Materialien im eigenen Unterricht | x | x | x | x | x |
| Nutzung der Materialien durch alle Lehrkräfte des Kollegiums an der lizenzierten Schule | | | x | | x |
| Einstellen des Materials im Intranet oder Schulserver der Institution | | | x | | x |

*Die erweiterten Lizenzmodelle zu diesem Titel sind jederzeit im Online-Shop unter www.kohlverlag.de erhältlich.*

# Inhalt

Seite



**Lösung Seite 10:**

Auge

Schnabel

Rücken

Kehle

Flügel

Bauch

Beine

Füße

Schwanz

**Der Vogel besitzt** Federn

**Lösung Seite 25:**

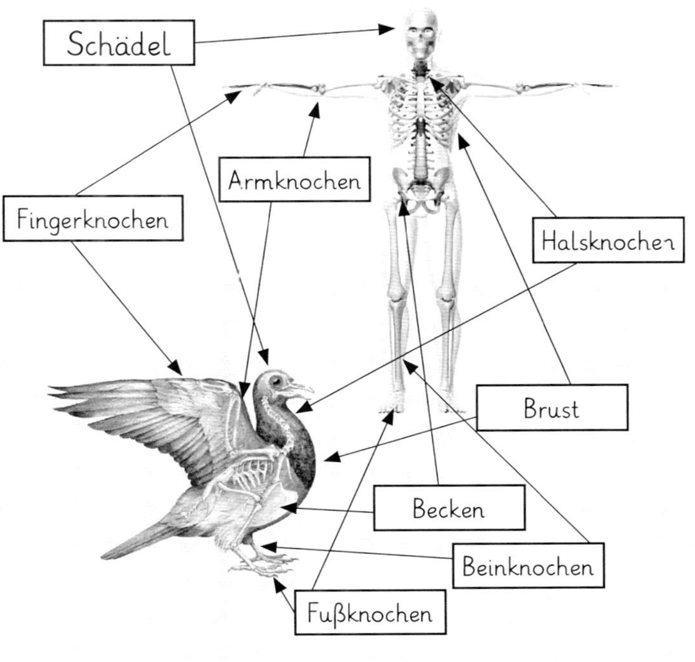



VÖGEL – WAS ZWITSCHERT DENN DA? – Bestell-Nr. 12 875
... aus der Reihe: Inklusion KONKRET
KOHL VERLAG

# Vorwort

Liebe Kolleginnen und Kollegen,

das Feld „Inklusion" rückt immer mehr in den Bereich der Regelschulen und gerade in den naturwissenschaftlichen Fächern ist das Material rar. Das hat mich ermutigt, mein über Jahre gesammeltes Material neu zu sortieren und zu veröffentlichen.

DAS Kind mit einer Lernbehinderung gibt es nicht; der Grad der Lerneinschränkung ist so unterschiedlich, wie die Kinder selbst.

Nur, welche Anforderungen müssen die Kinder an einer Regelschule leisten? Wie hoch darf ich meinen Anspruch „schrauben"? Wie weit muss ich in meinen Erwartungen runter gehen? Diese Fragen stellt man sich meist, wenn man ein Kind mit einer Lerneinschränkung nun in einem Klassenverband der Regelschule sitzen hat.

Die Antwort ist eigentlich recht einfach: Die zu bietenden Leistungen des Kindes sind der Anspruch der Lehrer•in. Viel zentraler ist, dass die Kinder dabei sind, dass das Thema das Gleiche ist.

Dazu ein kurzes Beispiel: Die Klasse liest im Biologiebuch etwas zum Thema „Vogelkunde". Die SuS bearbeiten die Aufgaben und übertragen ggf. Abbildungen in ihr Heft. Schon beim Lesen beginnt oft die Hürde für ein Kind mit einer Lernbehinderung. Einige können „vorlesen" und erfassen den inhaltlichen Sinn nicht, andere könnten den Inhalt erfassen, wenn der Text etwas einfacher und kürzer wäre. Aber was das Wesentliche ist: Alle Kinder beschäftigen sich mit dem gleichen Thema, nur jedes auf eine andere Art und Weise.

Da Sie die Kinder mit einer Lerneinschränkung am besten beurteilen können, haben wir jedes Thema in drei Niveaustufen aufbereitet. Die Ampel signalisiert die Niveaustufen von 1 (ganz grundlegendes Niveau) bis 3 (inhaltlich selbst erfassendes Niveau).

Und nun wünschen wir Ihnen viel Erfolg beim Einsatz unserer Kopiervorlagen- und Ideensammlung.

Der Kohl-Verlag und

Anni Kolvenbach

Name: ______________________________

Klasse: ______________________________

# Kleine Vogelkunde

**Aufgabe:** Schaue dir die Vögel an. Umkreise die Vögel, die du kennst.

VÖGEL – WAS ZWITSCHERT DENN DA?
... aus der Reihe: Inklusion KONKRET – Bestell-Nr. 12 875
KOHL VERLAG

Name: ______________________________

Klasse: ______________________________

2

# Kleine Vogelkunde

**Aufgabe:** Lies und verbinde.

| | |
|---|---|
| Vögel legen | im Wald, im Park und in der Stadt. |
| Junge Vögel | Flügel. |
| Sie bauen | schlüpfen aus Eiern. |
| Vögel leben | sind sehr klein. |
| Vögel haben | Federn. |
| Vögel haben keine Haare, sondern | Eier. |
| Einige Vögel | Nester. |

Name: ______________________

Klasse: ______________________

# Kleine Vogelkunde

**Aufgabe:** Lies den Text und fülle die Lücken aus.

Den Vögeln soll nicht kalt werden. Darum haben sie ein Federkleid als Schutz vor Kälte. Es hält sie warm. Die Federn haben verschiedene Aufgaben. Außen sind die Deckfedern. Aber zum Fliegen brauchen sie die großen Flügelfedern. Und ganz innen drin sind ganz flauschige Daunen. Zwischen den Federn befindet sich Luft. Gerade im Winter plustern sich Vögel auf. Das hält die Kälte noch besser ab. Einmal im Jahr bekommen die Vögel neue Federn. Diesen Wechsel von alten zu neuen Federn nennt man Mauser. Das Gefieder ist etwas gefettet, damit das Wasser nicht auf den Federn bleibt. Es rutscht dann herunter. Das was die Vögel essen wird im Kropf gespeichert. Die verdaute Nahrung wird über die Kloake abgegeben. Auch die Eier schlüpfen bei den Weibchen aus der Kloake.

Damit den Vögeln im Winter nicht kalt wird, haben sie ein ______________.

Die Federn haben verschiedene ______________________. Ganz außen sind die ____________________. Zum ____________________ brauchen sie die großen ____________________. Zwischen den Federn ist ________________. Einmal im Jahr bekommt der Vogel neue Federn. Das nennt man ____________________. Das Gefieder wird ____________________, damit das Wasser abrutscht. Das Essen wird im ____________________ gespeichert.

**Flügelfedern – Aufgaben – Luft – Federkleid – Mauser – Kropf – gefettet – Deckfedern – Fliegen**



VÖGEL – WAS ZWITSCHERT DENN DA? ... aus der Reihe: Inklusion KONKRET – Bestell-Nr. 12 875
KOHL VERLAG

Name: ______________________________

Klasse: ______________________________

# Körperteile der Vögel

**Aufgabe:** Schneide aus, ordne zu und klebe auf.

| Federn | Bauch | |
|---|---|---|
| Füße | Auge | Schnabel |

Name: ______________________________

Klasse: ______________________________

# Körperteile der Vögel

**Aufgabe:** Schneide aus, ordne zu und klebe ein. Verbinde anschließend die Funktionen.

VÖGEL – WAS ZWITSCHERT DENN DA? ... aus der Reihe: Inklusion KONKRET – Bestell-Nr. 12 875
KOHL VERLAG

Name: ______________________________

Klasse: ______________________________

3

# Körperteile der Vögel

**Aufgabe:** Fülle die Lücken aus.

Der Vogel besitzt ______________________

| Kehle | Auge |
|---|---|
| Rücken | Bauch |
| Flügel | Schnabel |
| Schwanz | Federn |
| Beine | Füße |



VÖGEL – WAS ZWITSCHERT DENN DA?
KOHL VERLAG

Name: ______________________________

Klasse: ______________________________

1

# Lebensraum der Vögel

**Aufgabe:** Schaue dir die Bilder an und erzähle. Die Erzählanlässe helfen dir.

Vögel findest du auch in einem Garten. Manchmal suchen sie hier etwas zu essen.

In einem Wald leben viel Vögel. Sie wohnen oben in den Bäumen. Da bauen sie ihr Nest.

In der Stadt fliegen viele Vögel herum. Meistens sind es Tauben. Sie suchen was zu essen.

In einem ruhigen Park fliegen die Vögel umher. Sie suchen etwas zu essen. Auch einen schattigen Platz mögen sie.

VÖGEL – WAS ZWITSCHERT DENN DA?
... aus der Reihe: Inklusion KONKRET – Bestell-Nr. 12 875
KOHL VERLAG

Name: ______________________________

Klasse: ______________________________

# Lebensraum der Vögel

**Aufgabe:** Lies und verbinde, wo die Vögel leben.

In einem Wald leben Spechte.

Im Garten findet man Finken, Amseln, Raben und Rotkehlchen.

In der Stadt mögen es Tauben gerne.

Im Park findet man Amseln, Rotkehlchen und Tauben.

Spechte

Finken

Raben

Amseln

Rotkehlchen

Tauben

Wald

Garten

Park

Stadt

Lernen mit Erfolg KOHL VERLAG
VÖGEL – WAS ZWITSCHERT DENN DA?
aus der Reihe: Inklusion KONKRET Bestell-Nr. 12 875

Name: ______________________

Klasse: ______________________

③

# Lebensraum der Vögel

**Aufgabe:** Lies den Text und fülle die Tabelle aus, welche Vogelarten man wo findet.

Ob im Park, im Wald, in einem Garten oder in der Stadt. Überall findet man Vögel. Und es gibt verschiedene Vogelarten. Einige leben in einem Baum, andere in einer Hecke oder einem Busch. Auch an einer Hauswand oder unter einem Dachvorsprung nisten manchmal Vögel.

Ein Specht ist ein typischer Vogel, den man im Wald finden kann. Er hakt mit seinem spitzen Schnabel eine Bleibe in den Stamm eines Baumes. In einem Park leben Tauben, Amseln und Rotkehlchen. Sie suchen dort Nahrung und leben in den verschiedenen Bäumen und Pflanzen. Auch in der Stadt findet man Tauben. Sie suchen Nahrung, füttern sollte man sie aber nicht. In einem Garten fühlt sich die Amsel, die Singdrossel, das Rotkehlchen und die Finken wohl. Sie suchen nach Nahrung und nach Nistplätzen. Mit ihrem bekannten Pfeifen machen sie sich bemerkbar.

| Wald | Park | Garten | Stadt |
|---|---|---|---|
| | | | |

**Finken – Rotkehlchen – Singdrossel – Taube – Specht – Amsel**



VÖGEL – WAS ZWITSCHERT DENN DA? … aus der Reihe: Inklusion KONKRET – Bestell-Nr. 12 875
KOHL VERLAG

Name: ______________________________

Klasse: ______________________________

# Die Nahrung

**Aufgabe:** Schaue dir die Speiseplatte an. Umkreise alles, was Vögel essen.

Lernen mit Erfolg KOHL VERLAG
VÖGEL – WAS ZWITSCHERT DENN DA?

Name: ______________________________

Klasse: ______________________________

# Die Nahrung

**Aufgabe:** Lies, schneide aus, ordne zu und klebe auf.

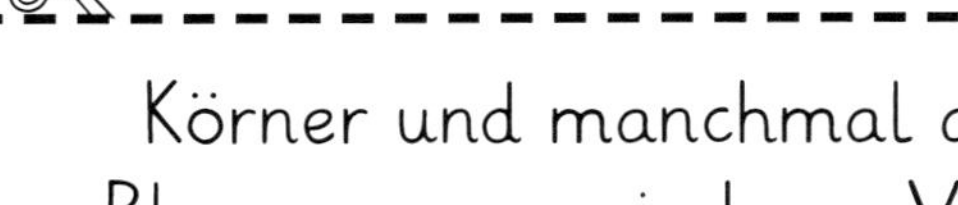

Körner und manchmal auch Blumensamen sind vor Vögeln nicht sicher.

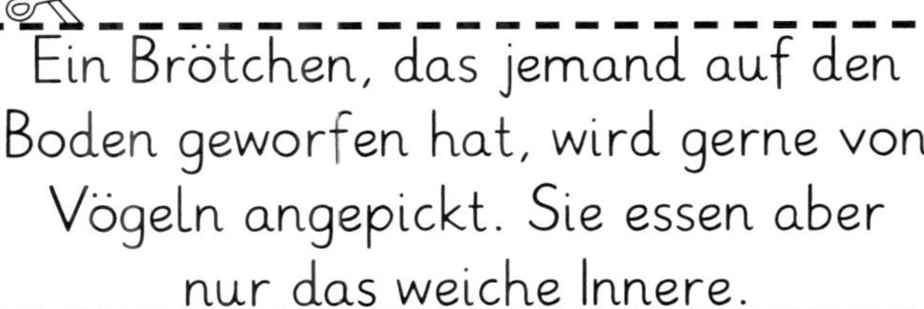

Ein Brötchen, das jemand auf den Boden geworfen hat, wird gerne von Vögeln angepickt. Sie essen aber nur das weiche Innere.

Kleine Insekten werden mit dem Schnabel einfach aufgepickt und heruntergeschluckt.

Würmer gehören bei vielen Vögeln zur Nahrung. Sie picken sie mit ihrem Schnabel auf.

VÖGEL – WAS ZWITSCHERT DENN DA? ... aus der Reihe: Inklusion KONKRET – Bestell-Nr. 12 875
KOHL VERLAG

Name: ______________________________

Klasse: ______________________________

# Die Nahrung

**Aufgabe:** Lies den Text und fülle die Tabelle aus.

Vögel müssen ihre Nahrung im Ganzen herunterschlucken. Zähne haben sie nicht. Im Magen wird dann die Nahrung zerkleinert. Mit ihrem Schnabel können sie nicht nur fressen. Sie suchen damit auch nach Nahrung. Sie nehmen etwas hoch, legen es zur Seite. Sie picken, reißen, rupfen an etwas, um an ihre Nahrung zu kommen. Auch benutzen sie den Schnabel um sich zu verteidigen. Sie sammeln kleine Stöcke oder Blätter auf, um ihr Nest damit zu bauen. Wenn sie klettern, hilft ihnen der Schnabel als Kletterhilfe. Auch ihre Federn pflegen sie mit dem Schnabel. Viele Vögel sind Allesfresser. Sie fressen Beeren, Pflanzen und Samen. Aber auch Insekten, Würmer, Vogeleier und manchmal sogar Mäuse stehen auf der Speisekarte. Zugegeben, nur Raubvögel fressen Mäuse. Sie haben auch einen deutlich spitzeren Schnabel. Es gibt aber auch Vögel, die nur Sachen von Pflanzen fressen.

Vögel haben keine ____________________. Sie müssen ihre Nahrung im Ganzen ____________________. Mit dem ____________________ suchen sie auch nach Nahrung. Auch dient der Schnabel für den ____________________ und als Kletterhilfe. Wenn sie angegriffen werden, können sie sich mit dem Schnabel ____________________. Die ____________________ werden auch mit dem Schnabel gepflegt. Viele Vögel sind ____________________. Sie fressen ____________________, Würmer und Vogeleier. Aber auch ____________________, Beeren und Pflanzen.

**Zähne – herunterschlucken – Schnabel – Nestbau – verteidigen – Federn – Allesfresser – Insekten – Samen**

Name: ______________________________

Klasse: ______________________________

1

# Standvögel und Zugvögel

**Aufgabe:** Schaue dir die Bilder an und erzähle anhand der Erzählanlässe.

Erzählanlass:

- Das Bild zeigt den Vogelzug.
- Im Winter fliegen viele Vögel in den Süden.
- Sie finden hier keine Nahrung mehr.
- Insekten sterben im Winter.
- Die Bäume und Pflanzen haben keine Früchte.
- Im Frühjahr kommen sie zurück.

Zugvögel

Erzählanlass:

- Der Vogel auf dem Bild ist ein Kleiber.
- Er bleibt im Winter hier.
- Der Kleiber gehört zu den Standvögeln.
- Er hat seine Nahrung als Vorrat angelegt.
- Einige Menschen bauen ein Vogelhaus. Dort legen sie Körner hinein.
- Die Standvögel leben meistens unter einem Hausdach oder dort, wo es geschützt ist.
- Wenn der Winter nicht so kalt wird, finden sie hier gute Nahrung.

Standvögel

VÖGEL – WAS ZWITSCHERT DENN DA? – Bestell-Nr. 12 875
... aus der Reihe: Inklusion KONKRET
KOHL VERLAG

Name: ____________________

Klasse: ____________________

# Standvögel und Zugvögel

**Aufgabe:** Lies und verbinde.

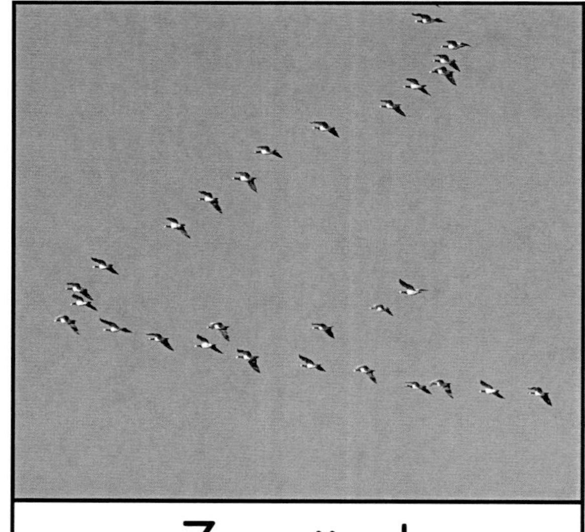

Zugvögel

Standvögel

Im Winter fliegen diese Vögel in den Süden.

Diese Vögel bleiben im Winter hier.

Diese Vögel haben einen Vorrat für den Winter.

Diese Vögel finden im Winter hier keine Nahrung.

Im Frühjahr kehren diese Vögel wieder zurück.

Menschen füttern diese Vögel im Winter.

Name: ______________________________

Klasse: ______________________________

3

# Standvögel und Zugvögel

**Aufgabe:** Lies den Text und fülle die Lücken aus.

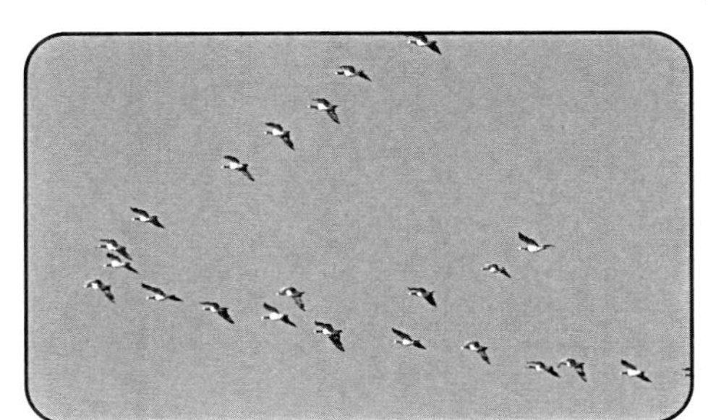

Im Sommer gibt es viele Insekten. Einige Vögel ernähren sich von Insekten. Im Sommer ist das kein Problem, diese zu finden. Im Winter gibt es weniger Insekten. Fast alle Vögel, die sich von Insekten ernähren, fliegen darum im Winter in den Süden. Diese Vögel nennt man Zugvögel. Sie sind meistens im späten Herbst gut am Himmel zu erkennen.

Die Vögel, die sich von Beeren, Körnern oder anderen Pflanzen ernähren, legen oft einen Vorrat an. Sie bleiben im Winter hier, darum nennt man sie Standvögel. Es ist aber in letzter Zeit zu beobachten, dass viele Vögel, die mal Zugvögel waren, heute hier bleiben. Sie sind zu Standvögeln geworden. Das liegt am milderen Winter.

Einige Vögel ernähren sich von ____________________. Im Sommer gibt es viele Insekten und sie haben Nahrung. Im ____________________ gibt es weniger Insekten. Dann fliegen sie in den Süden. Diese Vögel nennt man ____________________. Andere Vögel legen sich für den Winter einen ____________________ an. Sie bleiben im Winter hier. Darum nennt man sie ____________________. Da der Winter immer ____________ wird, werden einige Zugvögel zu Standvögeln. Sie finden hier Nahrung.

**Vorrat – Standvögel – Winter – milder – Zugvögel – Insekten**

VÖGEL – WAS ZWITSCHERT DENN DA?
... aus der Reihe: Inklusion KONKRET – Bestell-Nr. 12 875
KOHL VERLAG

Name: ______________________________

Klasse: ______________________________

# Vom Ei zum Vogel

**Aufgabe:** Schneide aus, ordne zu und klebe ein.

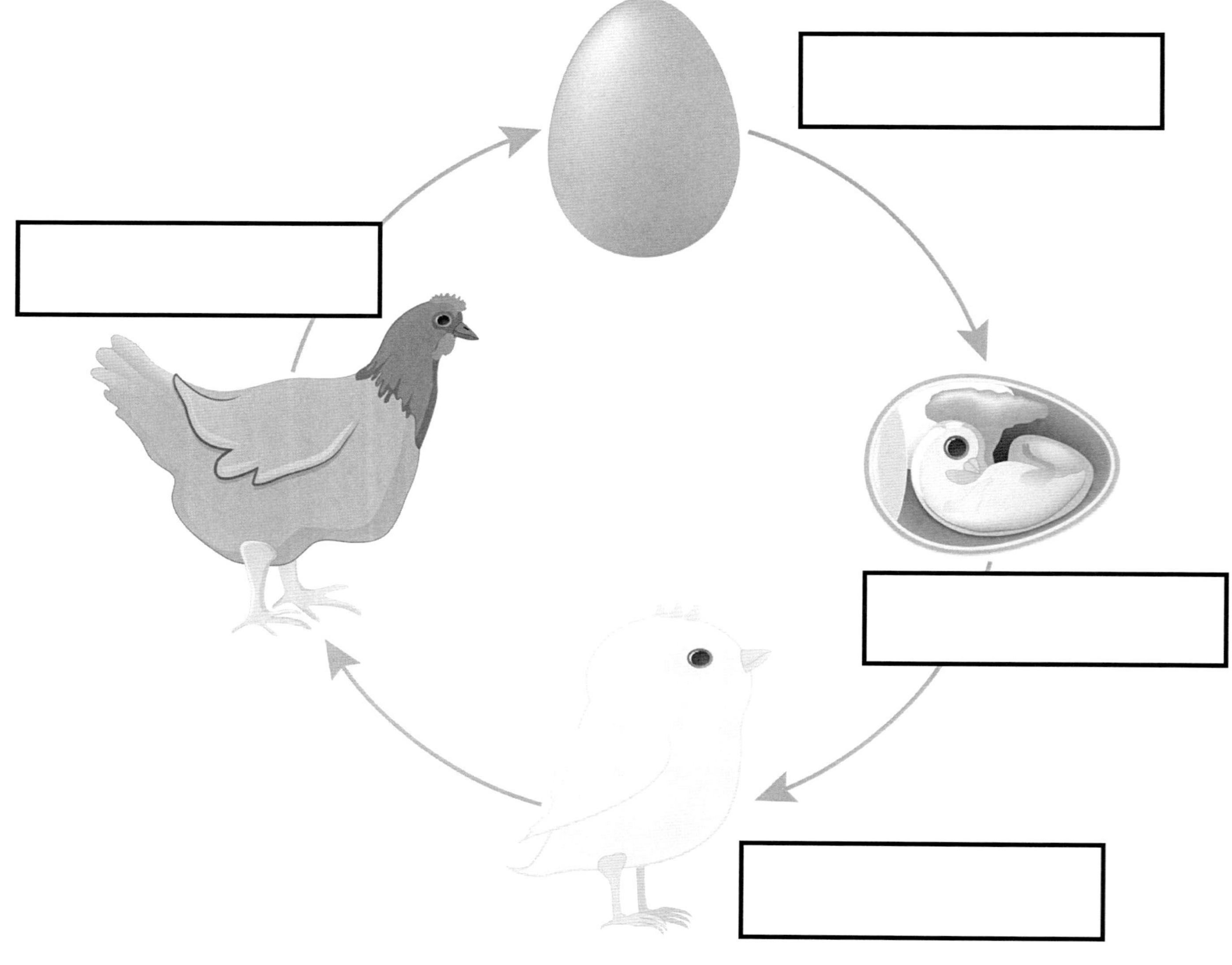

Das Küken | Das Küken wächst

Das Huhn | Das Ei

Name: ___________________________

Klasse: ___________________________

2

# Vom Ei zum Vogel

**Aufgabe:** Schneide aus, lies, ordne zu und klebe auf.

| Das Küken wächst im Ei heran. Man kann schon deutlich das Küken erkennen. | Aus dem Küken ist ein erwachsenes Huhn geworden. Es legt jetzt selber Eier. |
|---|---|
| Das Huhn hat ein Ei gelegt. Nun brütet es das Ei. | Das Küken ist geschlüpft. Nun wird es erwachsen. |

| Das Küken wächst |
|---|
| Das Ei |
| Das Küken |
| Das Huhn |



VÖGEL – WAS ZWITSCHERT DENN DA?
... aus der Reihe: Inklusion KONKRET – Bestell-Nr. 12 875
KOHL VERLAG

Name: ______________________________

Klasse: ______________________________

3

# Vom Ei zum Vogel

**Aufgabe:** Lies den Text und fülle die Lücken aus.

Das Huhn legt ein Ei. Nun setzt es sich auf das Ei, dass es Wärme bekommt. Nach einiger Zeit wächst in dem Ei das kleine Küken heran. Solange es sich im Ei befindet, nennt man es Embryo. Man kann schon gut das kleine Küken im Ei erkennen. Das Auge wirkt sehr groß. Auch der Schnabel und die Füße sind zu erkennen. Der Körper auch. Ist das Küken geschlüpft, wird es langsam erwachsen.
Das Gefieder ist gelb und ganz flauschig. Jetzt macht das Küken seine Erfahrungen in der Welt. Es wird immer größer und größer, bis es erwachsen ist. Nun ist es zu einem erwachsenen Huhn geworden. Das Huhn ist jetzt in der Lage selbst Eier zu legen und der ganze Kreislauf beginnt von vorne.

Das Huhn legt ein ____________. Es setzt sich auf das Ei, dass es ______________________ bekommt. Es wächst in dem Ei ein kleines ______________ heran. Solange es sich im Ei befindet, nennt man es ___________________. Man kann das Küken schon gut im Ei erkennen. Den ___________________ und die __________________ sieht man gut. Das Küken ___________________. Sein Gefieder ist ________________ und flauschig. Es wächst nun zu einem erwachsenen ________________ heran. Das Huhn legt wieder Eier.

**Embryo – Huhn – Wärme – schlüpft – Schnabel – Küken – Ei – Füße – gelb**

Name: ______________________________

Klasse: ______________________________

1

# Ein Vogel von innen

**Aufgabe:** Ein Mensch und ein Vogel von innen. Welche Knochen sind gleich? Verbinde.

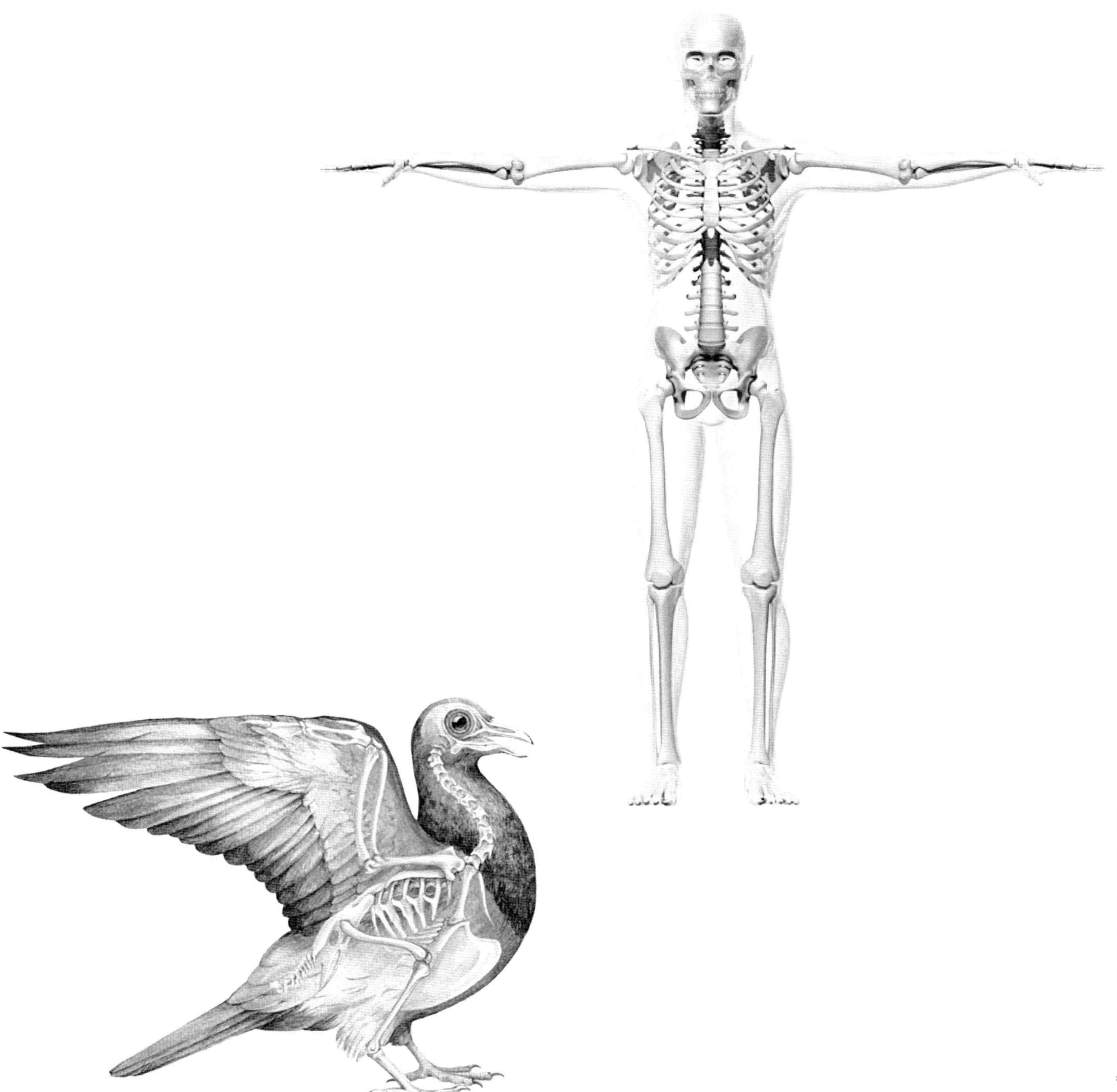

VÖGEL – WAS ZWITSCHERT DENN DA?
... aus der Reihe: Inklusion KONKRET – Bestell-Nr. 12 875
KOHL VERLAG

Name: ______________________________

Klasse: ______________________________

# Ein Vogel von innen

**Aufgabe:** Lies, schneide aus, ordne zu und klebe auf.

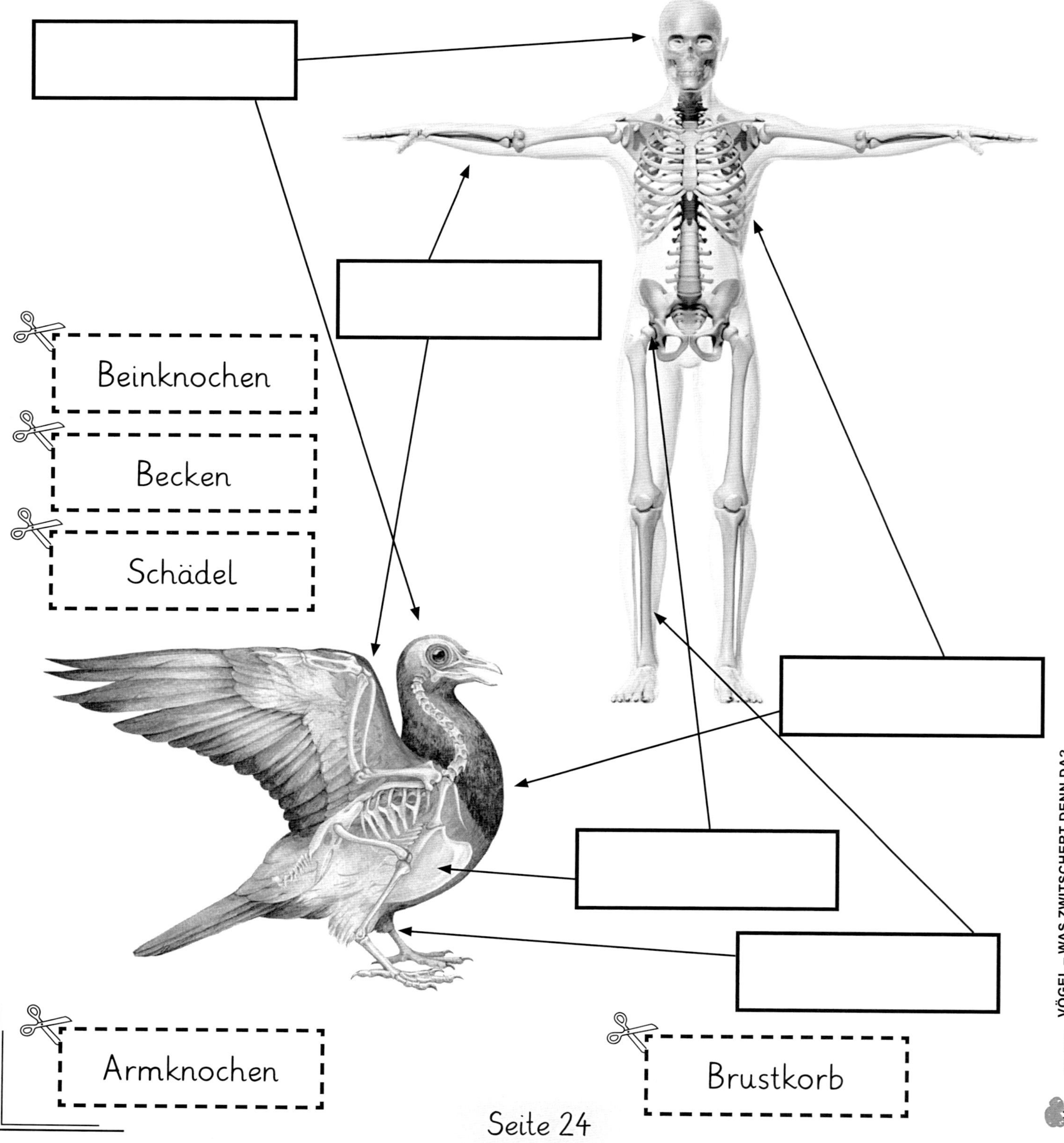

Name: ______________________________

Klasse: ______________________________

3

# Ein Vogel von innen

**Aufgabe:** Fülle die Lücken aus.

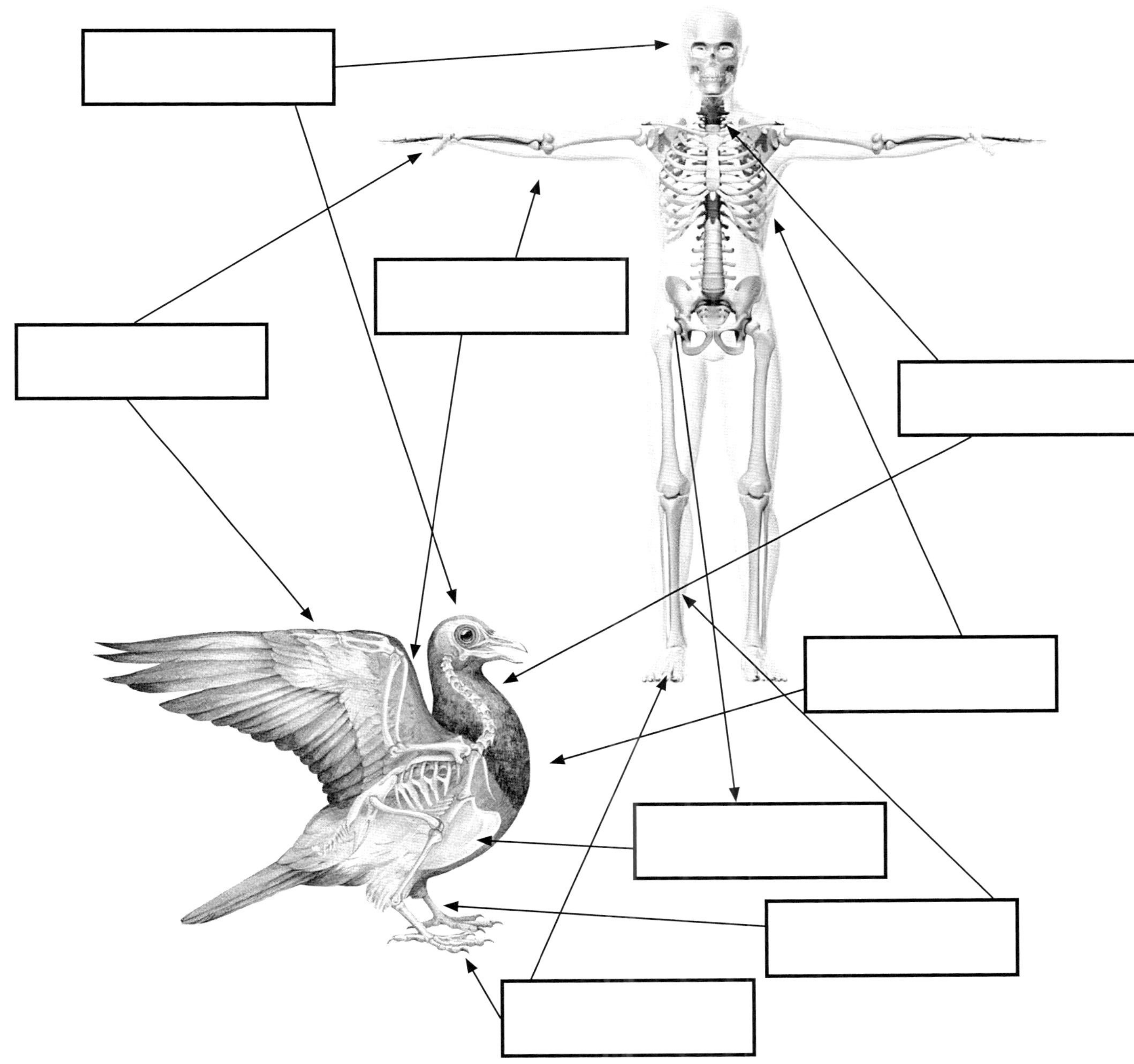

**Becken – Schädel – Halsknochen – Fingerknochen – Beinknochen – Armknochen – Fußknochen – Brust**

VÖGEL – WAS ZWITSCHERT DENN DA? ... aus der Reihe: Inklusion KONKRET – Bestell-Nr. 12 875
KOHL VERLAG

Name: ______________________________

Klasse: ______________________________

1

# Der Nestbau

**Aufgabe:** Oma Maria hat dieses Bild in einem alten Buch gefunden. Beschreibe, was du siehst.

Name: ______________________________

Klasse: ______________________________

2

# Der Nestbau

**Aufgabe:** Lies und verbinde. Manchmal müssen auch alle Bilder verbunden werden.

Vögel bauen ihre Nester, um ihren jungen Vögel großzuziehen. Sie sind dort geschützt.

Manche Vögel leben unter dem Dach einer Scheune. Dann bauen sie ihre Nester an die Wand der Scheune.

Damit es in dem Nest weich und warm ist, wird es von innen mit Federn und Gras bedeckt.

Einige Vögel finden keinen geeigneten Platz für ihr Nest. Sie freuen sich über Nistkästen an Wänden.

Nester bestehen aus Gräsern, Holzstücken, Lehm, Federn, Stroh, Moos und Laub.

VÖGEL – WAS ZWITSCHERT DENN DA?
... aus der Reihe: Inklusion KONKRET – Bestell-Nr. 12 875
KOHL VERLAG

Name: ______________________________

Klasse: ______________________________

# Der Nestbau

**Aufgabe:** Lies den Text und fülle die Lücken aus.

Vier Wochen ist eine lange Zeit. So lange dauert es, bis ein Nest gebaut ist. Erst wenn das Nest fertig ist, beginnt das Vogelweibchen ihre Eier zu legen. Die Nester sehen, je nach Vogelart, ganz unterschiedlich aus. Manche sind rund wie eine Kugel, andere sind halbrund. Einige Vögel bauen ihre Nester in Bäumen, Hecken oder Sträuchern. Andere Vögel brauchen ein Dach über dem Kopf. Sie bauen ihre Nester an die Wand einer Scheune. Damit es hält, verwenden sie dazu Lehm. Ansonsten bestehen Nester aus Gras, Heu, Moos, dünnen Ästen und innen aus Federn, damit es weich ist. Manche Vögel haben es schwer einen Nistplatz zu finden. Sie freuen sich, wenn Menschen einen Nistkasten aufhängen.

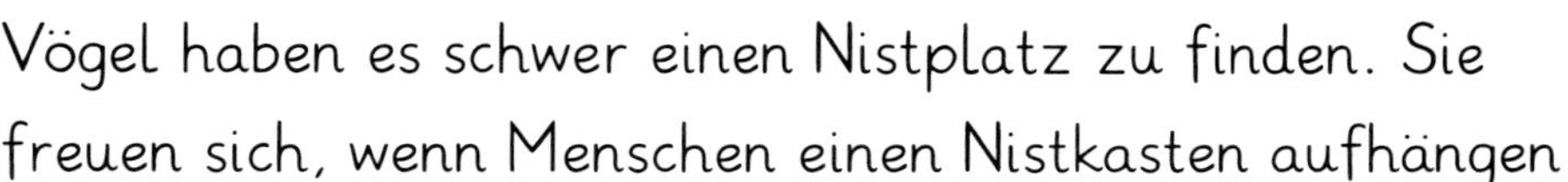

Es dauert vier ______________ bis ein Nest fertig ist. Erst danach legt das Vogelweibchen die ______________. Die Nester sehen ______________ aus. Einige Vögel bauen die Nester in ______________ oder Hecken. Andere bauen das Nest an der Seite einer ______________. Die Nester bestehen aus ______________, Heu, ______________ und dünnen Ästen. Innen sind sie mit ______________ ausgelegt. Manche Vögel freuen sich über einen ______________.

**Bäumen – Gras – Eier – unterschiedlich – Nistkasten – Federn – Scheune – Wochen – Moos**

Name: ______________________________

Klasse: ______________________________

# Die Brut

**Aufgabe:** Schaue dir die Bilder an und lies den Text.

Die Küken sind geschlüpft.
Ihre Augen sind noch zu.
Sie haben keine Federn.

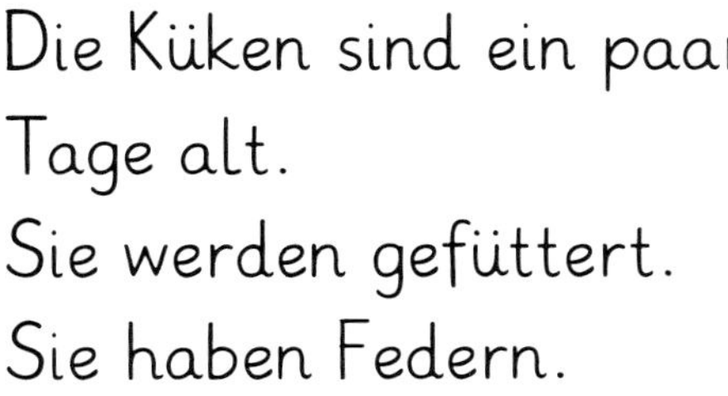

Die Küken sind ein paar
Tage alt.
Sie werden gefüttert.
Sie haben Federn.

Die Küken verlassen das Nest.
Sie erkunden die Welt.
Sie werden größer.

VÖGEL – WAS ZWITSCHERT DENN DA?
... aus der Reihe: Inklusion KONKRET – Bestell-Nr. 12 875
KOHL VERLAG

Name: ______________________________

Klasse: ______________________________

2

# Die Brut

**Aufgabe:** Lies die Lückentexte, schneide aus, ordne zu und klebe ein.

Die Küken sind gerade aus dem Ei [ ]

Ihre [ ] sind noch zu.

Sie haben noch keine [ ]

Sie kuscheln sich dicht aneinander, damit es [ ] ist.

Die Küken sind nun schon [ ]

Sie werden von dem Vogelweibchen [ ]

Nun haben sie schon [ ]

Im [ ] sind sie sicher.

Das Küken hat das Nest [ ]

Es muss jetzt selber [ ] suchen.

Seine Federn sind [ ]

| Nest | geschlüpft. | warm | Federn. |
| --- | --- | --- | --- |
| Augen | gefüttert. | ein paar Tage alt. | |
| Nahrung | verlassen. | flauschig. | Federn. |

Name: ______________________________

Klasse: ______________________________

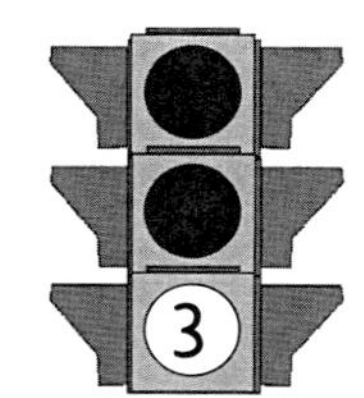


# Die Brut

**Aufgabe:** Lies den Text und fülle die Lücken aus.

Die ______________ sind gerade erst geschlüpft. Ihre ______________ sind noch zu. Die ______________ sind noch nicht gewachsen. Sie kuscheln sich aneinander, damit sie sich ______________.

**wärmen – Augen – Federn – Küken**

Die Küken sind nun ein paar ______________ alt. Die Federn sind ______________. Sie müssen von dem Vogelweibchen ______________ werden. Im ______________ sind sie sicher vor Feinden.

**Nest – gewachsen – gefüttert – Tage**

Das Küken hat das ______________ verlassen. Es lernt nun die ______________ kennen. Das ______________ ist dicht und flauschig. Das Küken muss die ______________ selber suchen.

**Nahrung – Nest – Gefieder – Welt**

Name: ______________________

Klasse: ______________________

EXPERIMENT

# Wir untersuchen ein Hühnerei

**Du benötigst:**

- ein Hühnerei
- eine Pinzette
- einen kleinen Teller

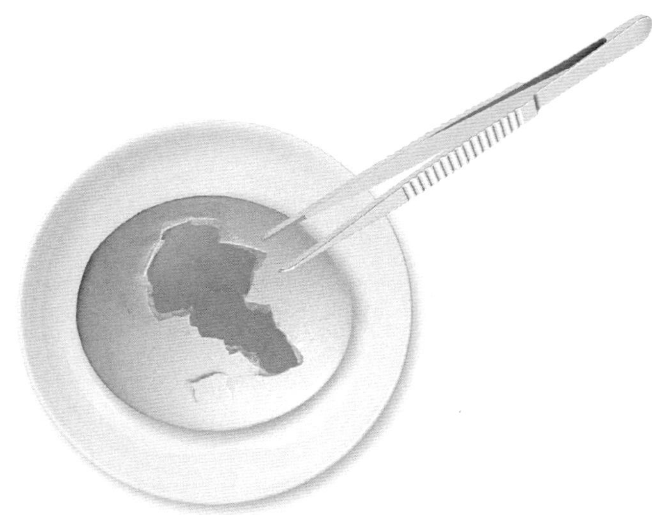

**Schritt 1:**

Lege das Hühnerei auf den Teller.

**Schritt 2:**

Halte es gut mit einer Hand fest.

**Schritt 3:**

Nimm nun die Pinzette und bohre vorsichtig ein kleines Loch in die Schale.

**Schritt 4:**

Breche nun kleine Schalenstücke heraus und lege sie auf den kleinen Teller. Breche so viele Stücke aus der Schale, bis du das Innenleben gut sehen kannst.

**Schritt 5:**

Schaue dir die Bestandteile an und suche sie in deinem Ei.

**Schritt 6:**

Zeichne das Innenleben von deinem Ei in dein Heft.

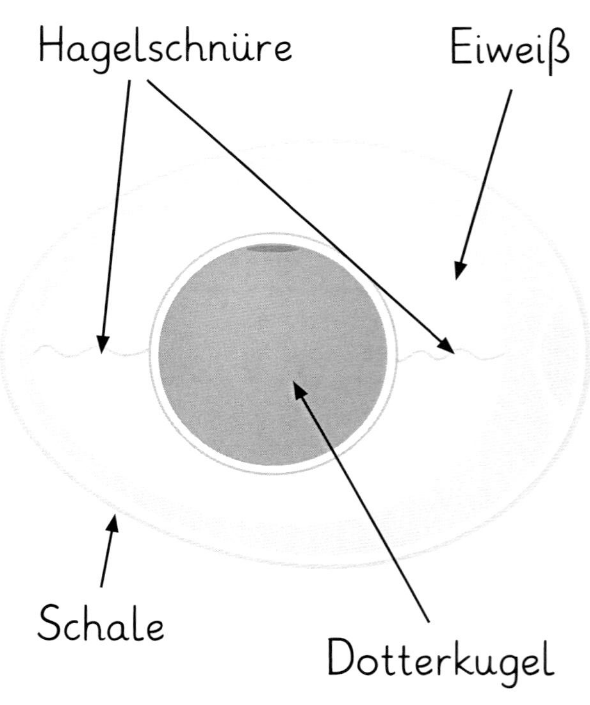